Für Charlotte und
Dorothee
Viel Spaß!
Elke Oswald

Wenn du die Klappe links von mir öffnest, findest du einen Stadtplan von Weingarten mit den Stationen des Rundgangs, die wir gleich besuchen.

Weingarten ist der Name der Stadt. Zugleich ist es aber auch der Name des großen Klosters, das du schon von Weitem sehen kannst. Es überstrahlt die ganze Stadt. Eigentlich ist es sogar so, dass sich die Stadt nach dem Kloster benannt hat. Früher hat der Ort Weingarten „Altdorf" geheißen, das bedeutet „Dorf beim Heiligtum". Schon in frühen Zeiten hat es auf dem Martinsberg eine Kirche gegeben.

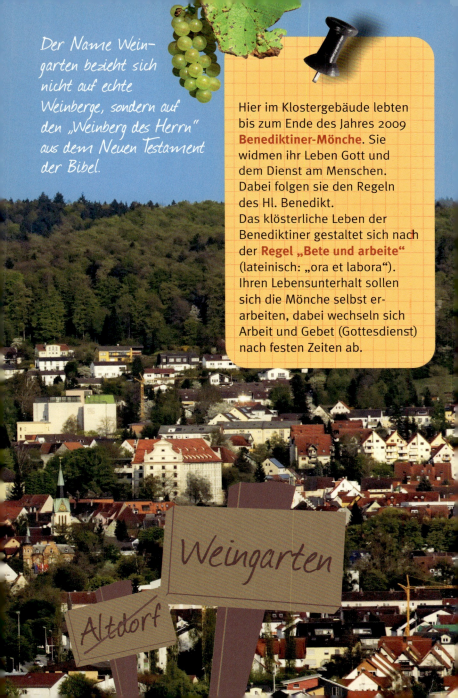

Der Name Weingarten bezieht sich nicht auf echte Weinberge, sondern auf den „Weinberg des Herrn" aus dem Neuen Testament der Bibel.

Hier im Klostergebäude lebten bis zum Ende des Jahres 2009 **Benediktiner-Mönche**. Sie widmen ihr Leben Gott und dem Dienst am Menschen. Dabei folgen sie den Regeln des Hl. Benedikt.
Das klösterliche Leben der Benediktiner gestaltet sich nach der **Regel „Bete und arbeite"** (lateinisch: „ora et labora"). Ihren Lebensunterhalt sollen sich die Mönche selbst erarbeiten, dabei wechseln sich Arbeit und Gebet (Gottesdienst) nach festen Zeiten ab.

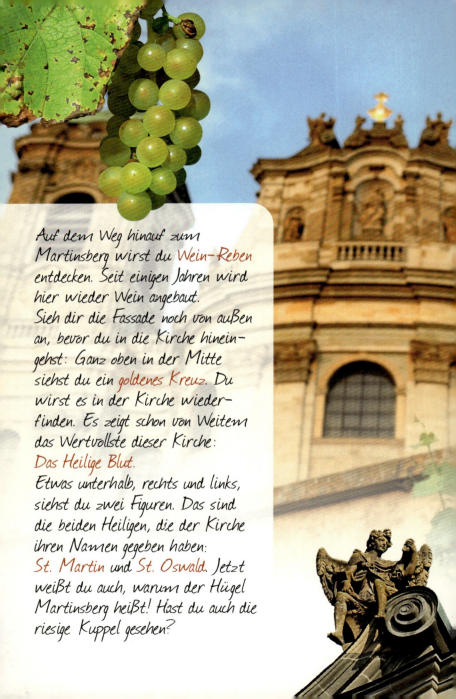

Auf dem Weg hinauf zum Martinsberg wirst du Wein-Reben entdecken. Seit einigen Jahren wird hier wieder Wein angebaut.
Sieh dir die Fassade noch von außen an, bevor du in die Kirche hineingehst: Ganz oben in der Mitte siehst du ein goldenes Kreuz. Du wirst es in der Kirche wiederfinden. Es zeigt schon von Weitem das Wertvollste dieser Kirche: Das Heilige Blut.
Etwas unterhalb, rechts und links, siehst du zwei Figuren. Das sind die beiden Heiligen, die der Kirche ihren Namen gegeben haben: St. Martin und St. Oswald. Jetzt weißt du auch, warum der Hügel Martinsberg heißt! Hast du auch die riesige Kuppel gesehen?

Im Mittelalter haben Mönche häufig **Bücher** von Hand abgeschrieben und aufwendig verziert. Auch hier im Kloster Weingarten gab es solch eine Schreibstube, ein **Skriptorium**. Ganz besonders kostbare Bücher wurden hier hergestellt. Heute sind sie leider im Original in Weingarten nicht mehr zu sehen. Im Museum im Schlössle kannst du dir den Nachdruck einer Bibel aus der Schreibstube des Klosters Weingarten ansehen. Auch über die Buchherstellung im Mittelalter und das Leben der Mönche früher und heute kannst du dort etwas erfahren.

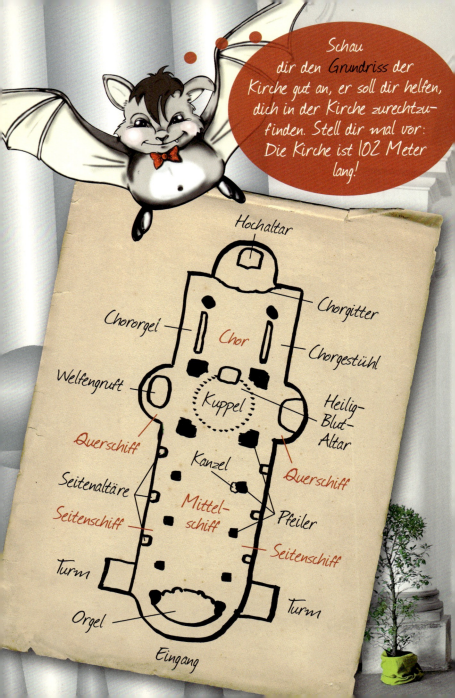

Hallo! Ich bin Marty und wohne hier in der Kirche in der Orgel. Ja, du hast schon richtig gelesen! Unter den großen Orgelpfeifen ist viel Platz. Normalerweise schlafe ich da tagsüber, denn eigentlich bin ich ja nur nachts wach. Wenn aber nachmittags der Organist übt oder ein Konzert stattfindet, werde ich davon aufgeweckt. Und wenn ich nun schon mal wach bin, kann ich dir auch die große Basilika zeigen. Ich kenne mich hier nämlich ganz genau aus!

„Barock" wird der Baustil genannt, in dem die Kirche gebaut wurde.
Vor fast 300 Jahren hat **Abt Sebastian Hyller**, der damalige Chef des Klosters, die gesamte Kirche in nur neun Jahren erbauen lassen! (1715 bis 1724).

Der Erbauer wollte den Menschen die **Großartigkeit Gottes** nahebringen. Wenn du dir Zeit lässt und dich einmal still hinsetzt, wirst du sicher auch merken, dass das hier in der Basilika ganz besonders gut gelungen ist.

Du kannst viele verzierende Elemente entdecken. **Deckenmalerei**, viel **Gold**, **Heiligenfiguren** und geschwungene Formen. Auch mit **Licht** wurde gearbeitet. Das kannst du sehen am Hochaltar: Durch das kleine Fenster fällt am Morgen Licht herein und leuchtet den ganzen Raum aus! (Das Fenster hat einen lustigen Namen, es heißt **Gloriloch**.)

*Jetzt such dir doch einen Platz irgendwo in der Mitte der Kirche und schau dich in Ruhe um. Hast du diese Dinge schon entdeckt?*

Der **Altar** ist ein Tisch aus Stein. Er erinnert an das letzte Abendmahl. An ihm feiert die Gemeinde den Gottesdienst, die Gegenwart Jesu in Brot und Wein. Du kannst in der Kirche mehrere Altäre entdecken!
Im **Beichtstuhl** bekennen die Gläubigen alles, was ihnen leid tut und bitten um Vergebung.

Der **Hochaltar** war früher der Hauptaltar der Kirche. Sieh dir den Vorhang genau an. Er ist aus Gips nachgebildet! So etwas findet man oft in Barockkirchen. Auch an der **Kanzel** findest du „falschen" Stoff. Echter Stoff sähe nach so langer Zeit auch sicher nicht mehr gut aus.

Von der **Kanzel** aus wurde früher gepredigt. Der Pfarrer wurde von dem erhöhten Ort besser verstanden. Heute wird vom Ambo gepredigt, das ist das Lesepult rechts neben dem Heilig-Blut-Altar.

Das **Chorgitter** stand früher weiter vorne. Es trennte den Chor von dem Rest der Kirche. Es war etwa da, wo der Heilig-Blut-Altar steht. Heute wollen die Menschen lieber alle gemeinsam die Messe feiern, deshalb steht das Gitter jetzt am Ende der Kirche. Sieh mal genau hin, wie kunstvoll es von den Handwerkern gemacht wurde.

Engel findest du hier eine ganze Menge ... kannst du schätzen, wie viele es sind? Sie sind alle unterschiedlich und zeigen die Verbindung Gottes mit den Menschen. Es sollen weit mehr als **2000 Engel** sein!

**Stuck** ist eine Art Gips. Viele der Figuren und die Verzierungen der Decke sind aus Stuck gemacht. Die Vorhänge an Kanzel und Hochaltar hast du ja schon gesehen. Auch der bunte „**Marmor**" an den Seitenaltären ist kein echter Marmor! Für **Stuckmarmor** färbte man die Gipsmasse ein und polierte sie aufwendig. (Im Schlössle kannst du mehr darüber erfahren.)

Typisch für die **Barockzeit** ist, dass man manchmal nicht genau erkennen kann, ob etwas gemalt ist oder aus Stuck. Bei dem Evangelisten Johannes, der mit einer Feder abgebildet ist, musst du auch ganz genau hinschauen.

**Fresko** nennt man die Technik, in der die vielen Deckengemälde hier gemacht wurden. Der Maler malt dazu direkt in den noch feuchten Putz. Dadurch verbinden sich die Farben mit dem Untergrund und sind besonders haltbar. Der Künstler sollte dabei möglichst keine Fehler machen. Außerdem musste er sehr schnell arbeiten. Das konnten nur besonders gute Künstler schaffen. Die Fresken in der Basilika sind vor über 250 Jahren von dem berühmten Maler **Cosmas Damian Asam** gemalt worden.

Ich schaue mir besonders gerne die vielen Deckengemälde hier an. Da kann ich immer wieder etwas Neues entdecken. In der riesigen Kuppel sind Hunderte von Heiligen abgebildet. Ganz oben, in der Laterne, ist die Taube des Heiligen Geistes. Schau mal, die vornehmen Damen sind so angezogen, wie es vor etwa 250 Jahren üblich war.

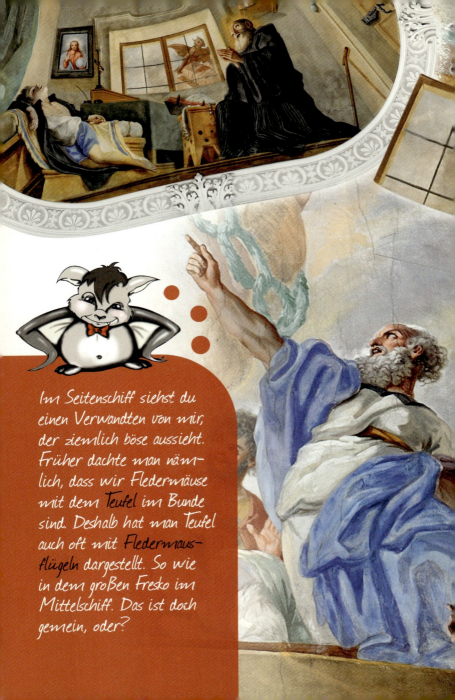

Im Seitenschiff siehst du einen Verwandten von mir, der ziemlich böse aussieht. Früher dachte man nämlich, dass wir Fledermäuse mit dem Teufel im Bunde sind. Deshalb hat man Teufel auch oft mit Fledermausflügeln dargestellt. So wie in dem großen Fresko im Mittelschiff. Das ist doch gemein, oder?

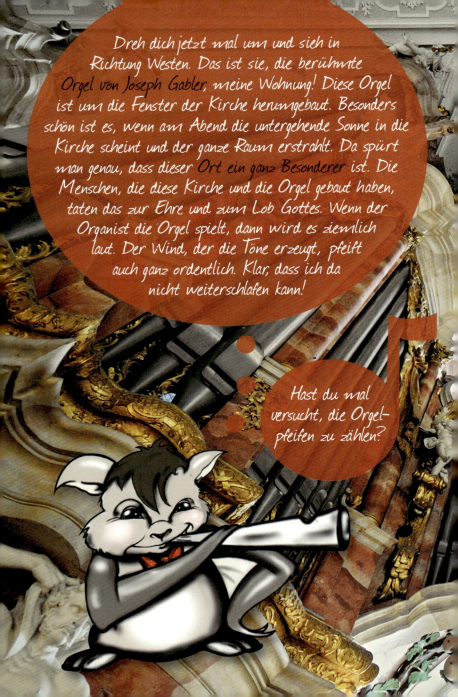

Um den Bau der Orgel gibt es zwei **Legenden**:

**Vox Humana** Eine Orgel kann die verschiedensten Instrumente imitieren, fast wie ein ganzes Orchester. Diese Orgel kann auch wie Vogelstimmen oder ein Gewitter klingen. Joseph Gabler wollte eine menschliche Stimme nachahmen. Jahrelang gelang es ihm nicht. Eines Nachts flüsterte der Teufel dem Joseph Gabler ins Ohr, er könne ihm helfen, wenn er ihm seine Seele verspräche. Gabler traf sich heimlich mit dem Teufel. Der gab ihm ein Säckchen mit einem Metall. Daraus baute Gabler dann Pfeifen mit einer wunderbaren Stimme. Nun waren die Mörche aber derart abgelenkt von dem Orgelspiel, dass sie der Messe nicht mehr aufmerksam folgen konnten! Wütend ließ der Abt den Joseph Gabler rufen. Der gestand seinen **Pakt mit dem Teufel**. Hierfür sollte Joseph Gabler sterben, zuerst aber noch für Ersatz der Pfeifen sorgen. Das ist ihm dann auch ohne fremde Hilfe so gut gelungen, dass der Abt ihm das Leben schenkte.

**Geheimhebel** Joseph Gabler hatte nicht den ausgemachten Lohn bekommen. Eines Tages hat er heimlich einen kleinen Hebel an versteckter Stelle eingebaut. Damit drosselte er die Luftzufuhr und sorgte dafür, dass die große Orgel nur noch jämmerlich piepste. Nachdem Gabler dann seinen Lohn erhalten hatte, legte er den Hebel um und die Orgel erklang in ihrer alten Großartigkeit.
Bei der Restauration der Orgel vor einigen Jahren fanden Orgelbauer einen merkwürdigen Hebel. Sie haben aber niemandem verraten, wo …

6666 Pfeifen sind es! Manche von denen sind so klein, dass darin nicht mal eine winzige Fledermaus Platz zum Schlafen hätte. Es gibt allerdings auch so große, dass sogar du darin bequem Platz hättest! Viele sind aber versteckt und nicht zu sehen.

13 Jahre lang hat Joseph Gabler an der Orgel gebaut. Das war viel länger, als er geplant hatte. Manchmal war er gar nicht sicher, ob er den Lohn für seine Arbeit bekommen würde. Die Orgel war nämlich fünfmal so teuer wie geplant! Als sie dann aber fertig war, waren die Mönche so zufrieden mit seiner Arbeit, dass sie ihm freiwillig sogar mehr Geld gaben. Das kam auch nicht allzu häufig vor! Vielleicht hast du ja sogar das Glück, dass du diese großartige Orgel hörst, wenn du hier bist. Oder wie wäre es, wenn du zu einem Gottesdienst oder einem Konzert wiederkommst?

Es gibt noch eine zweite Orgel hier in der Kirche. Hast du sie schon entdeckt? Ganz vorne links, bei den schön geschnitzten Sitzplätzen für die Mönche. Dieser Ort heißt **„Chor"**, deswegen heißt die Orgel auch **Chororgel**. Sie ist zur Begleitung der Mönche bei den Messen gebaut worden. Du darfst aber nicht nah herangehen, sonst geht die Alarmanlage los! Leider klingt die Orgel zurzeit überhaupt nicht schön, denn es ist einiges kaputt in ihr. Manche Töne gehen gar nicht, andere klingen ganz anders als sie sollen. Aber schon bald soll sie repariert werden.

Hast du schon das Kreuz entdeckt, das du draußen auf der Fassade bereits gesehen hast? Es ist natürlich viel kleiner als das oben auf dem Dach. Du findest es im Heilig-Blut-Altar. Dort ist es sicher verwahrt hinter Glas.

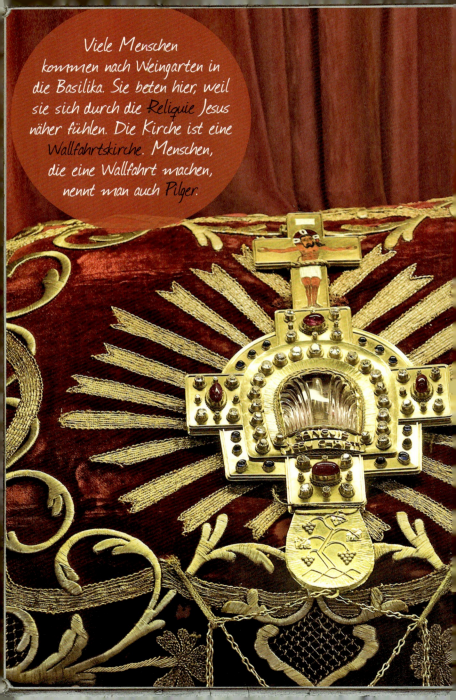

Viele Menschen kommen nach Weingarten in die Basilika. Sie beten hier, weil sie sich durch die Reliquie Jesus näher fühlen. Die Kirche ist eine Wallfahrtskirche. Menschen, die eine Wallfahrt machen, nennt man auch Pilger.

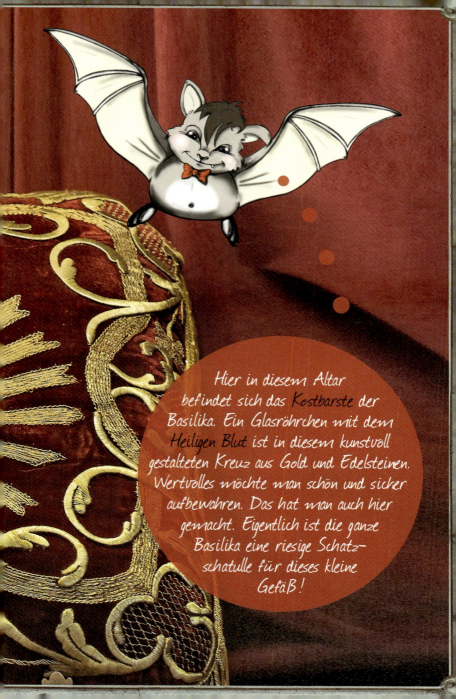

Hier in diesem Altar befindet sich das Kostbarste der Basilika. Ein Glasröhrchen mit dem Heiligen Blut ist in diesem kunstvoll gestalteten Kreuz aus Gold und Edelsteinen. Wertvolles möchte man schön und sicher aufbewahren. Das hat man auch hier gemacht. Eigentlich ist die ganze Basilika eine riesige Schatzschatulle für dieses kleine Gefäß!

Das **Wappen** im **Fresko** kannst du auch über dem Portal (Eingang) der Basilika finden. Der **Löwe** verweist auf das Geschlecht der Welfen, die Gründer des Klosters. Die **Rebe** steht für den Namen. In der Mitte erkennst du das **Familienwappen** des Abtes **Hyller**, der diese Kirche erbauen ließ.

Als Jesus am Kreuz hing, hielten dort römische Soldaten die Wache. Einer von ihnen, man nennt ihn Longinus (das heißt auf Lateinisch „Lanzenträger"), hat Jesus in die Seite gestochen. Er tat das um zu sehen, ob Jesus noch lebt. Dabei ist **Jesu Blut** auf den Boden getropft. Auf dem Fresko fällt ein Blutstrahl in das Auge des Soldaten. Das soll zeigen, dass der Soldat plötzlich erkannt hat, dass Jesus der Messias ist.

Der Soldat hat etwas von dem **mit Erde vermischten Blut** als Erinnerung an Jesus mitgenommen. Er ist später Christ geworden und nach Italien in die Stadt Mantua gekommen. Jahrhunderte später bekam ein deutscher Kaiser das **Heilige Blut Christi**. Viele Jahre später, im Jahr 1094, hat Judith, die Frau des Herzogs Welf IV., dem Kloster Weingarten die **Reliquie** geschenkt.

*Wenn du mit deiner Lupe nach oben schaust, siehst du dort auf dem zweiten großen Deckenfresko, was das Heilige Blut so kostbar macht.*

Weingarten ist auch eine Station am Pilgerweg zu einem bedeutenden Wallfahrtsort: **Santiago de Compostela** in Spanien, dem Grab des Apostels Jakobus.

Schon seit dem Mittelalter haben Menschen jahrelange entbehrungsreiche Wanderungen dorthin unternommen, um am Grab des Apostels für ihr Seelenheil zu beten. Auch heute noch gibt es viele Menschen, die einen Teil dieses Weges erwandern.

Am unteren Bildrand des Freskos kannst du 2 Männer mit **Pilgerstäben**, **Jakobsmuscheln** und **Kalebassen** erkennen. Die Kalebassen sind Flaschenkürbisse, die getrocknet hohl sind und als Trinkflasche verwendet wurden. Die Männer sind Jakobspilger auf dem Weg nach Santiago de Compostela.

## Blutfreitag

Jedes Jahr kommen am Freitag nach dem Feiertag Christi Himmelfahrt viele 1000 Pilger nach Weingarten zum **Blutritt**. Sie kommen zum Teil von weit her, eine Gruppe kommt sogar immer aus Mantua in Italien. Am Blutfreitag wird das **Heilige Blut** in einer großen Prozession, dem Blutritt, durch die Stadt und die Felder getragen. Der Name kommt natürlich von dem Heiligen Blut, das immer ein Priester trägt. Er segnet die Menschen und die Stadt. Er und die Blutreiter sitzen dabei auf Pferden. Fast **3000 Reiter** kommen mit ihren Pferden zum Blutritt. Bis zu **30.000 Besucher** und Pilger kommen jedes Jahr nach Weingarten, um diese größte Reiterprozession der Welt zu sehen.

Der Blutritt beginnt und endet auf dem Martinsberg. Besonders beeindruckend ist es, wenn sich zum Abschluss der Prozession mehr als 1000 Reiter im Äußeren Klosterhof versammeln. Dort beten sie gemeinsam und singen noch ein Lied.

Das ganze Gelände um die Kirche herum und auch noch einiges mehr hat früher zum Kloster gehört. Im größten Teil der Gebäude ist heute eine Pädagogische Hochschule untergebracht. Hier werden Lehrer ausgebildet.
Eigentlich schlafe ich ja tagsüber lieber. Heute zeige ich dir aber gerne die Stadt! Ich fliege schon mal voraus zum Amtshaus, das ist gegenüber dem Rathaus.

Den **Fruchtkasten** siehst du, wenn du durch den Klosterhof gehst. Hier haben die Mönche früher die Vorräte eingelagert. Getreide, aber auch Wein. Wenn du das Gebäude von Osten kommend anschaust, kannst du erkennen, wie groß es ist.

Die **Welfen** sind die älteste **Adelsfamilie** Europas. Die Königin von England ist eine ihrer Nachfahren. Das Wappentier der Welfen findest du auch außerhalb der Kirche. Wenn du durch den Innenhof gehst, siehst du am hinteren Ende einen **Löwen**. Er erinnert an die Welfen. Von ihnen wirst du später noch mehr erfahren.

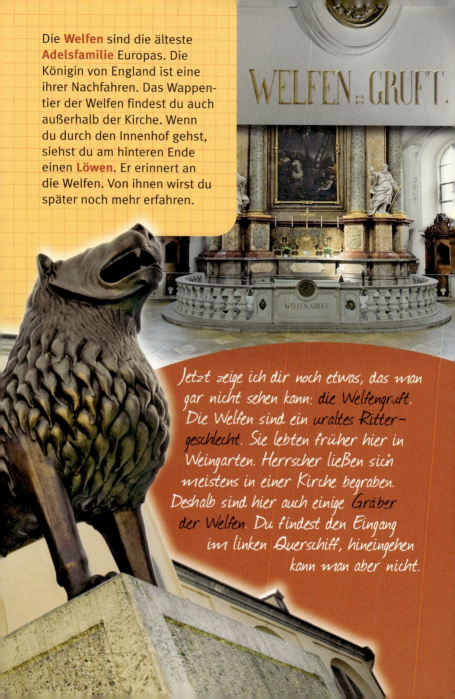

Jetzt zeige ich dir noch etwas, das man gar nicht sehen kann: die Welfengruft. Die Welfen sind ein uraltes Rittergeschlecht. Sie lebten früher hier in Weingarten. Herrscher ließen sich meistens in einer Kirche begraben. Deshalb sind hier auch einige Gräber der Welfen. Du findest den Eingang im linken Querschiff, hineingehen kann man aber nicht.

In der Weihnachtszeit stehen in fast jeder Kirche und auch bei vielen Menschen zu Hause Krippen. In der Basilika gibt es sogar zwei große Krippen. Nach Weihnachten werden die natürlich bis zum nächsten Jahr wieder weggeräumt. Zu Hause macht ihr das sicher auch so, wenn ihr eine Krippe habt. In Weingarten gibt es einen Mann, der stellt seine Krippen das ganze Jahr über aus!

Vielleicht hast du ja Lust, dir das **Museum für Klosterkultur** anzuschauen? Alles, was du dort sehen kannst, hat Jürgen Hohl selbst gesammelt und restauriert. Denn dort sind natürlich nicht nur Krippen ausgestellt. Viele andere Dinge, die an die Zeit früher in den Klöstern erinnern, kannst du dort entdecken.

Auf dem Weg zum **Amtshaus** kannst du auf dem **Kleinen Münsterplatz** eine Skulptur entdecken, die von der Welfensage handelt. Die Sage versucht zu erklären, woher der ungewöhnliche Name der Welfen stammen könnte.

## Die Welfensage

Es war zur **Zeit der Ritter und Burgen**, etwa um das Jahr 800. **Gräfin Irmentrud** wies eine Bettlerin ab und verdächtigte sie ihrer Drillinge wegen des Ehebruchs. „So viele Kinder, so viel Väter sind's", rief sie. Damals glaubten die Menschen, dass eine Frau, die mehrere Kinder zugleich zur Welt brachte, eine Ehebrecherin sein müsse.
Die Bettlerin verwünschte die Gräfin. Ein Jahr später brachte Irmentrud selbst **zwölf Knaben** zur Welt.
Sie befahl ihrer Magd, **11 der Kinder** in der nahen Scherzach zu **ertränken**. Ritter Isenbart, der Mann der Gräfin Irmentrud, traf die Magd im Wald. Auf die Frage, was sie da im Korb habe (und weil er etwas jammern hörte…), bekam er die Antwort, es seien nur 11 Welpen (das sind junge Hunde). Der Graf ließ die Kinder bei einer Müllerfamilie großziehen und hat sie Jahre später seiner zerknirschten Frau bei einem Fest präsentiert.

Unter dem Wandgemälde siehst du die Figur des **Hl. Bischofs Konrad von Konstanz**. Er wurde hier in Weingarten geboren. Konrad wird häufig mit einem **Kelch** und einer **Spinne** dargestellt. Während der Messe soll einmal eine giftige Spinne in den Kelch gefallen sein. Konrad soll diese mitgetrunken haben, da er den Messwein nicht wegschütten wollte. Beim Mittagessen krabbelte die Spinne aus Konrads Mund, ohne ihn zu beißen. Konrad hat die Spinne dann freigelassen.

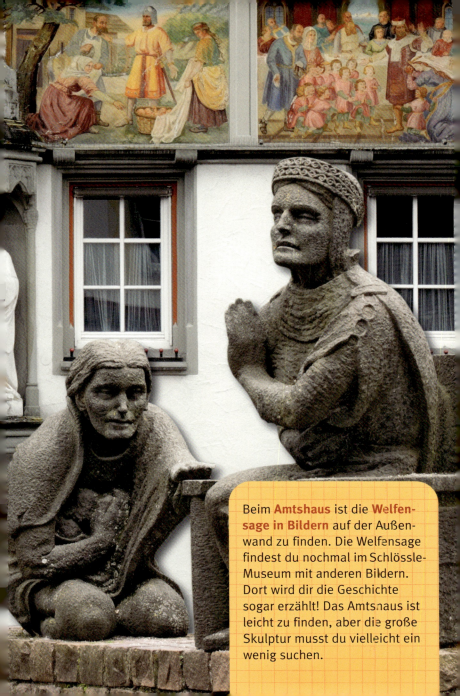

Beim **Amtshaus** ist die **Welfensage in Bildern** auf der Außenwand zu finden. Die Welfensage findest du nochmal im Schlössle-Museum mit anderen Bildern. Dort wird dir die Geschichte sogar erzählt! Das Amtshaus ist leicht zu finden, aber die große Skulptur musst du vielleicht ein wenig suchen.

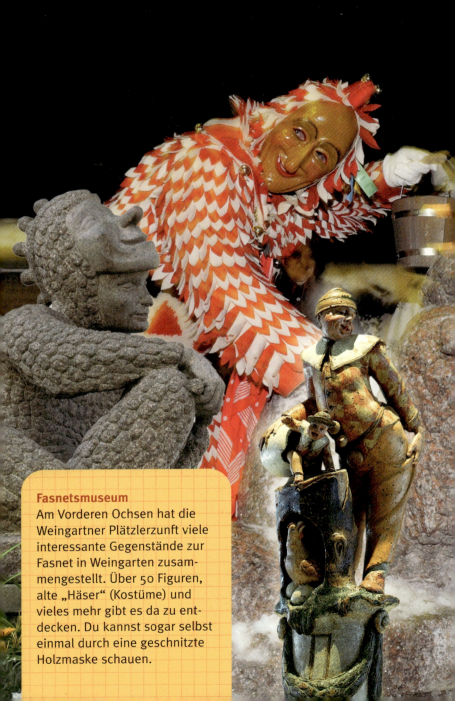

### Fasnetsmuseum

Am Vorderen Ochsen hat die Weingartner Plätzlerzunft viele interessante Gegenstände zur Fasnet in Weingarten zusammengestellt. Über 50 Figuren, alte „Häser" (Kostüme) und vieles mehr gibt es da zu entdecken. Du kannst sogar selbst einmal durch eine geschnitzte Holzmaske schauen.

Links neben dem Amtshaus ist ein Brunnen mit einer Fasnetsfigur: der Plätzlerbrunnen. Der Brunnen erinnert an die Fasnet, die in Weingarten eine uralte Tradition hat. Am Fasnetsmittwoch wird der Plätzler symbolisch vom Staub des vergangenen Jahres befreit und die Hauptzeit der Fasnet kann beginnen! Fasnetssonntag findet dann in der Stadt der Narrensprung statt, so nennt man hier den Fasnetsumzug. Was der nachdenkliche Plätzler, der seine Maske hochgeschoben hat, wohl denkt? Der Künstler, Eberhard Martin Schmid, hat übrigens auch die Skulptur von der Bettlerin und Gräfin Irmentrud auf dem Kleinen Münsterplatz geschaffen.

Die Alamannen lebten im frühen Mittelalter in Süddeutschland. Hier in Weingarten in der Nähe der Schussen wurde ein Gräberfeld mit 801 Gräbern aus dem 7. und 8. Jahrhundert gefunden. Viele wertvolle Grabbeigaben wie Waffen, Gürtelschnallen, Schmuck, Kreuze und Gläser hat man entdeckt. Die Funde haben geholfen mehr über das Leben und den Glauben der Menschen hier im Schussental vor 1300 Jahren herauszufinden.

Ich fliege schon mal voraus zum Kornhaus. Hier im Alamannenmuseum kannst du etwas über die frühe Geschichte Weingartens erfahren. Lange bevor die Basilika auf dem Martinsberg und die anderen Häuser in der Stadt erbaut wurden, lebten die Alamannen hier. Hast du schon einmal deinen Namen in Runenschrift geschrieben? Wenn nicht, kannst du das hier ausprobieren. Du kannst auch Kleidung der Alamannen anziehen und in einer Ausgrabung als Archäologe kostbare Funde freilegen. Und du kannst dir sogar anhören, wie die Menschen damals sprachen!

**Moderne Kunst im Stadtgarten**
Drei sehr unterschiedliche Kunstwerke kannst du hier im Stadtgarten entdecken. Welches ist dir zuerst aufgefallen?
Der mächtige **„Stamm für Weingarten"**, ein 500 Jahre alter Mahagonistamm aus Afrika, den der Holzbildhauer Rudolf Wachter geschaffen hat? Die Metallskulptur **„NIRME"** von Robert Schad? Oder die **blaue Wand** aus Keramikkacheln, die von dem Künstler Max Ackermann geschaffen wurde?

**Max Ackermann** gehörte zu den bedeutendsten modernen Malern in Deutschland. Seine Lieblingsfarbe war Blau. Seine Bilder wirken allein durch die Farben, die Formen und deren Anordnung. So wie ein Musikstück vom Klang der Töne lebt. Vielleicht fällt dir beim Betrachten von Ackermanns großem Wandbild eine passende Melodie ein.

Warum hat **Rudolf Wachter** wohl einen Stamm aus Afrika hier in Weingarten aufgestellt?
Hunderte Jahre wuchs er, bis er hier aufgestellt wurde, Tausende Kilometer von seinem Ursprungsort entfernt.
Oft werden solche alten Bäume für den Bau von Möbeln gefällt. Rudolf Wachter hat große Achtung vor dem Baum und möchte, dass auch wir dem Baum und der ganzen Natur mit Achtung begegnen.

**Robert Schad** stellt mit seiner Skulptur Bewegung dar. Ein in sich ruhender Ring und ein Bündel senkrechter in den Himmel aufschießender Stahlbänder bilden eine Figur, die trotz des tonnenschweren Gewichtes sehr leicht wirkt. Versuche doch mal die Bewegungen der Skulptur nachzumachen!
Jedes der drei Kunstwerke ist für sich etwas ganz Besonderes.

Im Winter wird die Keramikwand durch eine Holzwand mit einem alten Stadtplan von Weingarten vor Frost geschützt.

Sieh doch mal an das Ende des Stadtgartens. Zur Straße hin ist eine schräge Fläche. Hier kann man im Winter prima Schlitten fahren! Ich halte dann allerdings meinen Winterschlaf und kann da leider nicht dabei sein. Unter der schrägen Fläche befindet sich ein Parkhaus. Na toll, höre ich dich sagen, und was soll daran Besonderes sein? Parkhäuser gibt es schließlich in jeder Stadt! Das stimmt schon, aber welche andere Stadt hat schon ein Parkhaus, das gleichzeitig auch Pferdestall ist? Die Prozession am Blutfreitag beginnt bereits früh am Morgen. Deshalb reisen viele Pilger schon am Vortag an. Da werden für die Pferde natürlich „Übernachtungsmöglichkeiten" benötigt. So manche Garage in der Stadt wird da für eine Nacht zum „Pferdehotel".

Im **Schlössle** gibt es eine wunderschöne Stuckdecke mit verschiedenen Tieren.

**Franz Schmuzer** hat diese Decke und auch den Stuck in der Basilika gemacht.

Zum Abschluss gehen wir noch ins Stadtmuseum im Schlössle. Früher war dies ein vornehmes Wohnhaus. Heute kannst du hier alles über die Geschichte Weingartens erfahren. Wir haben bei unserer Entdeckertour natürlich noch lange nicht alles gesehen. Dazu müssten wir noch viel länger unterwegs sein. Aber ehrlich gesagt, tun mir langsam die Flügel weh, und dir deine Füße sicher auch.

Hier kannst du ein **Kettenhemd** anprobieren.

Über das **Leben der Mönche** im Kloster früher und heute kannst du hier etwas erfahren.

Wenn ein Mensch im Mittelalter etwas angestellt hatte, bekam er häufig eine solche **Halsgeige** umgehängt.

Die Geschichte von der **Welfensage** wird dir hier noch mal erzählt.

Die **Zeugensteine** wurden früher zerbrochen unter einen Grenzstein vergraben. So konnte man die Grenze nicht einfach heimlich verschieben.

*Hier in der Nähe ist die Skulptur eines Jakobspilgers aufgestellt. Dort erzähle ich dir zum Abschied noch eine alte Weingartner Sage.*

### Die Laurasage

Gleich neben dem Jakobspilger siehst du die Scherzach. Sie fließt durch das Lauratal. Dort gab es im Mittelalter eine Burg, deren Reste du sogar heute noch finden kannst! In der Nacht vor Lauras Hochzeit ertrank ihr Verlobter in den Fluten des Flüsschens, das durch einen Gewitterregen stark angeschwollen war. Aus Verzweiflung hat Laura sich in die Fluten gestürzt und ertrank. Seither erscheint sie immer wieder im Lauratal, bis die Erdbeeren im Winter blühen ... eine traurige Geschichte, findest du nicht?

Du erkennst den Jakobspilger übrigens an der Muschel, die an seinem Pilgerstock hängt. Sie ist das Erkennungszeichen und heißt deshalb auch Jakobsmuschel. Schilder mit der Muschel kannst du öfter sehen in Weingarten. Sie weisen den Pilgern den Weg nach Spanien. Von hier aus hast du auch noch mal einen herrlichen Blick auf die Basilika!

## Liebe Leserinnen, liebe Leser,

Kann man Kindern heute überhaupt noch etwas durch ein Buch näherbringen?
Ich finde, mit dem vorliegenden – in seiner Art für Weingarten einmaligen – Kinderstadtführer ist dies auf eine ganz spezielle Art und Weise gelungen.
Auch Kinder interessieren sich für geschichtliche Hintergründe und kulturelle Zusammenhänge, wenn sie ihnen in der geeigneten Form dargeboten werden.

Elke Oswald spricht die jungen Leser direkt an und erzeugt so das Gefühl einer tatsächlichen Begegnung. Sie behandelt die verschiedensten Sehenswürdigkeiten zwar ausführlich, lässt aber immer noch Raum für Fragen und lädt zum weiteren selbstständigen Erkunden ein.
Reinhard Jakubek hat speziell neue Ansichten von Weingarten fotografiert, die besonders aus der Perspektive eines Kindes stammen. Weitere Fotos sind von Volz-Fotodesign.
Von Claus Danner, dem Illustrator der bekannten Trickfigur „Tabaluga", stammt das Maskottchen, die Fledermaus „Marty".

Der Erlös dieses Buches hilft dabei, ein Kulturdenkmal von Weingarten zu retten: die historische Chororgel von Joseph Gabler in der Basilika.
Neben den drei Genannten, die zugunsten der guten Sache auf ihr Honorar verzichten, danke ich außerdem besonders Herrn Josef Fink vom gleichnamigen Verlag sowie Herrn Marc Brandner vom Werbeatelier Brandner für die Realisierung dieses Projektes.
Weiterhin haben uns unterstützt: die OEW, die Stadt Weingarten und die Kreissparkasse Ravensburg.

**Iris Herzogenrath**
1. Vorsitzende Förderverein Basilikamusik e.V.
Weitere Informationen zur Spendenaktion unter
www.chororgel.de

# Museen in Weingarten

**Alamannenmuseum Weingarten**
Karlstraße 28
88250 Weingarten

Öffnungszeiten:
Di–So, 14–17 Uhr
Do, 14–18 Uhr
Jeden 1. Donnerstag im Monat
14–20 Uhr

**Museum für Klosterkultur**
Heinrich-Schatz-Straße 20
88250 Weingarten

Öffnungszeiten:
Fr–So, 14–17 Uhr

Eintrittspreise für alle 3 Museen: jeweils 2 Euro, ermäßigt 1 Euro, Kinder bis 12 Jahre kostenlos

**Stadtmuseum im Schlössle**
Scherzachstraße 1
88250 Weingarten

Öffnungszeiten:
Di–So, 14–17 Uhr
Do, 14–18 Uhr
Jeden 1. Donnerstag im Monat
14–20 Uhr
Eintritt jeden 1. Freitag im Monat kostenlos

**Fasnetsmuseum der Plätzlerzunft**
Am Vorderochsen 3
88250 Weingarten

Öffnungszeiten:
Sonn- und Feiertage,
13.30–17 Uhr
Sonderöffnungszeiten und Führungen auch unter der Woche auf Anfrage

Eintrittspreise: 2,50 Euro, ermäßigt 2 Euro, bis 16 Jahre frei

Kombikarte für alle Museen: 6 Euro